ACHTSAMKEIT FÜR KINDER

ENTSPANNUNG

MAMEN DUCH UND GURIDI

Mamen Duch, Leiterin und Gründerin von Yogui Kids (www.yoguikids.com), ist seit 2008 als zertifizierte Yogalehrerin an der Schule Karma Kids Yoga in New York tätig, wo sie zusammen mit Shari Vilchez-Blatt unterrichtet. Sie hat außerdem das Programm „Every Kid's Yoga" absolviert und bietet zusammen mit Craig Hanauer Yogakurse für Kinder mit unterschiedlichen Fähigkeiten und Bedürfnissen an. Mamen Duch hat 1991 am Instituto del Teatro einen Abschluss in darstellender Kunst erworben und ist Gründerin der Theatergruppe T de Teatre. Sie war als Schauspielerin in Kinofilmen, im Theater und im Fernsehen zu sehen. Außerdem gibt sie Kurse für Lehrer, Pädagogen und Schauspieler. Nebenbei engagiert sie sich für soziale Projekte rund um Yoga und Theater. Sie ist die Autorin von *Maya y el yoga.*

Raúl Nieto Guridi ist in Sevilla geboren und hat an der dortigen Fakultät der Bildenden Künste Malerei studiert. Seitdem hat er in fast allen Bereichen gearbeitet, die in irgendeiner Weise mit Bildern, Drucken, Design und Werbung zu tun haben. 1995 verlegte er den Schwerpunkt seiner Tätigkeit auf die Bereiche Grafikkunst und Multimedia. Seit 2010 ist Raúl hauptsächlich als Illustrator für Kinderbücher tätig und entwirft Plakate für Kulturkampagnen rund um Theater, Tanz und Puppenspiel sowie Buchumschläge für La Joie de Lire. Er gibt außerdem Workshops für Illustration und Kreativität und arbeitet mit verschiedenen NGOs zusammen. Seine Bücher wurden in mehr als neun Sprachen übersetzt und er hat verschiedene internationale Auszeichnungen für seine Illustrationen erhalten.

INHALT

Wie können wir unseren kleinen Kriegern helfen, ruhiger zu werden und sich besser zu konzentrieren? Mit Sicherheit habt ihr bereits von *„mindfulness"* (oder „Achtsamkeit") gehört. Um zu Ruhe und Konzentration zu gelangen, benötigen wir Werkzeuge wie beispielsweise Atmung, Entspannung und kreative Visualisierung.

Bei der kreativen Visualisierung handelt es sich um die Kunst, mithilfe von geistigen Bildern und Vorstellungen positive Veränderungen in unserem Leben herbeizuführen. Sie hilft uns, all das zutage zu fördern, was in unserem Inneren bereits vorhanden ist und was wir intensivieren und stärken möchten: Vertrauen, Selbstwertgefühl, Konzentration, Intuition, Kreativität.

Warum sollten wir diese Werkzeuge nicht schon bereits als Kinder nutzen?

HALLO, KLEINER KRIEGER!

Möchtest du spielen? Stell dir vor, dass sich in deinem Kopf eine große Kinoleinwand befindet. Sie ist ganz leer und du kannst dort jeden beliebigen Film abspielen. Vielleicht malst du dir Bilder aus, die dir Angst machen, oder schöne Bilder, die dir Mut machen und dir helfen, all das zu stärken, was du in dir trägst.

Das Gute an dieser Art von Kino ist, dass du gehen kannst, wann immer du willst. Und außerdem ist es kostenlos! Du musst nur mit deiner Vorstellungskraft spielen und einen Ort finden, an dem du dich wohlfühlst, wie im Kino.

Such dir einen ruhigen Ort und nimm eine bequeme Körperhaltung ein, in der du eine Weile bleiben kannst, ohne dich zu bewegen: im Schneidersitz mit gekreuzten Beinen und geradem Rücken oder vielleicht liegend mit dem Gesicht nach oben. Das bleibt völlig dir überlassen. Schließe die Augen und atme dreimal tief ein und aus.

Sei aufmerksam, ruhig und bereit, um dir deinen Film visuell vorzustellen: Möchtest du ein Spaghetto sein? Oder ein Schmetterling? Vielleicht ein leuchtender Stern, der über das Firmament wandert?

Ruhe bitte. Der Film beginnt.

DER SPAGHETTO

1

Weißt du, was ein Spaghetto ist?
Mit Sicherheit. Stell dir einen rohen Spaghetto vor.
Kannst du ihn vor dir sehen? Und nun stell dir vor,
dass du dieser Spaghetto bist. Klappt das?
Dein Körper ist ganz steif …

2

Stell dir vor, dass du in einen Topf oder
in ein Schwimmbad mit warmem Wasser
und voller Blubberblasen kommst … Mmmm …

3

Du spürst allmählich, wie sich dein Körper lockert
und immer weicher wird, genau wie Spaghetti,
wenn sie eine Weile im Topf im kochenden Wasser
hin und her gewirbelt werden.
Du spürst, wie alle Teile deines Körpers
immer weicher werden: die Füße, die Knie,
die Beine, die Schulter, die Taille, die Brust,
die Hände, die Arme, der Hals, der Kopf
... genau wie gekochte Spaghetti.

4

Du spürst, wie dein Körper
völlig entspannt ist ... al dente!

Zu Tisch!

EIN GANZ BESONDERER BAUM

1

Du sitzt auf einer großen, grünen Wiese
und schaust einen Baum an,
der genau in der Mitte steht.

2

Es ist ein ganz besonderer Baum:
Seine riesigen Wurzeln bohren sich tief in den Boden
und sein großer, dicker Stamm reckt sich
dem Himmel entgegen. Aus dem Stamm ragen viele Äste,
die jedoch keine Blätter haben. An einem Ast
hängt ein Schild, auf dem steht:
„Ich bin der Baum der Sorgen. Du kannst deine Sorgen
an mir aufhängen."

3

Denk an etwas, was dir passiert ist und dir Unbehagen
bereitet (ein Ärgernis, eine Unannehmlichkeit,
ein Streit, ein Alptraum ...). Und nun stell dir vor,
dass du diese Sache abnimmst, so als ob sie ein Rucksack
oder eine Jacke wäre, und sie an einen Ast
des Baumes hängst. Fühlst du dich nun leichter?
Es ist so, als ob du weniger wiegen würdest,
du bist viel ruhiger.

4

Stell dir vor, dass aus dem Ast nun ein grünes Blatt
herauswächst, auf dem steht: „Wünsch dir etwas."

Los, wünsch es dir!

Und atme dabei ganz ruhig. Vertraue darauf,
dass dein Wunsch erfüllt wird,
wenn der richtige Moment kommt.

ICH BIN DER BAUM
DER SORGEN, DU KANNST DEINE
SORGEN AN MIR AUFHÄNGEN.

DER SCHMETTERLING

1

Du liegst ganz entspannt in einer Hängematte
und schwingst langsam hin und her.
Da siehst du einen Schmetterling,
der über dich hinwegfliegt.
Schau dir die Farben seiner Flügel an
und wie er die Flügel beim Fliegen
auf und ab bewegt.

2

Auf einmal setzt sich der Schmetterling
auf deine Nasenspitze. Bleib ganz ruhig,
bewege dich nicht! Du möchtest nicht,
dass er wegfliegt, oder?
Achte darauf, wie er die Flügel öffnet
und schließt, ganz langsam.
Öffnen, schließen, öffnen, schließen ...

3

Spüre, wie dein Atem ganz ruhig wird
und sich allmählich im selben Rhythmus bewegt
wie die Flügel des Schmetterlings.
Und immer langsamer wird.
Öffnen, schließen, einatmen, ausatmen ...

4

... bis der Schmetterling die Flügel schließt
und ganz still sitzt, so als ob er eingeschlafen wäre.
Mach genau dasselbe: Ruhe dich aus
und träume, dass du frei und leicht
wie ein Schmetterling umherfliegst.

DIE VIER ELEMENTE

1

Stell dir vor, dass du an einem Strand bist
und ausgestreckt im Sand liegst.
Schmiege dich mit dem ganzen Gewicht deines Körpers
fest in den Sandboden. Fühle den Sand
an deinen Schultern und Beinen:
weich, fein und warm.

2

Und nun merkst du, wie die Wellen des Meeres
deine Füße nass machen. Du spürst, wie die Wellen
kommen und gehen und deine Füße
mit dem Salzwasser benetzen.

3

Später spürst du eine innere Wärme in der Brust
und an den Wangen: Das sind die Sonnenstrahlen,
die dich wärmen und mit Energie erfüllen.

Auf einmal streicht dir ein Luftzug
über das Gesicht und flüstert dir ein Geheimnis
ins Ohr: *sooohhuuummm.*

4

Du fühlst dich entspannt und voller Energie.

Erde, Wasser, Feuer und Luft – danke!

DIE FARBENWOLKEN

1

Schau in den Himmel und beobachte die Wolken,
wie sie über dir hinwegziehen.
Such dir eine weiße Wolke aus und stell dir vor,
dass du sie rot anmalst – mit der Farbe der Wut.
Denk an all die Dinge, über die du dich heute
oder in dieser Woche geärgert hast.

2

Male die gesamte Wolke rot an
und spüre dabei deine Wut. Lass die Wut dann los,
bis sie schließlich entschwunden ist. Auf diese Weise
kannst du dich von deinem Ärger befreien.

Mache dasselbe mit Blau, der Farbe der Traurigkeit,
und anschließend mit Schwarz, der Farbe der Angst.
Lass danach zu, dass diese Wolken fortschweben
und die Angst und die Traurigkeit mit sich nehmen.

3

Stell dir eine grüne Wolke vor, die Farbe der Ruhe.
Ein grüner Nebel streift sanft an deinen Füßen entlang
und steigt langsam an deinen Beinen hoch,
zu deinen Hüften ... bis er den Hals erreicht.
Jetzt ist dein ganzer Körper grün
und ist ganz ruhig und entspannt.

4

Ein gelber Sonnenstrahl, die Farbe der Freude,
beleuchtet dein Gesicht und bringt dich zum Lächeln.

Du fühlst dich glücklich und bist ganz ruhig.

DIE STERNE

1

Leg dich auf den Boden oder auf das Bett,
mit dem Gesicht nach oben.
Breite deine Arme und Beine aus und strecke sie
weit von dir, so als ob du mit deinem Körper
einen fünfzackigen Stern bildest.

2

Jetzt stell dir einen Punkt aus weißem Licht
in der Mitte deines Bauches vor, oberhalb des Bauchnabels.
Das Licht wird allmählich immer intensiver
und beginnt, sich über deinen ganzen Körper auszubreiten:
über den Bauch, die Brust, die Arme, die Beine
und schließlich den Kopf ... bis alle fünf Zacken
komplett erleuchtet sind.

Du bist ein Stern aus weißem Licht!

3

Beobachte, wie du strahlst und glänzt ...
Nun siehst du noch weitere Lichtpunkte in deiner Nähe
und merkst, dass du von Sternen umgeben bist,
die auch alle leuchten.

4

Schau dich an, wie du am dunklen Himmel funkelst.
Gemeinsam mit den anderen Sternen bist du Teil
des unendlichen Universums.